fehler abc

Deutsch-Französisch

von Günter Nickolaus

Ernst Klett Stuttgart

1. Auflage 1[4] 3 2 | 1977 76 75 74

Die letzte Zahl bezeichnet das Jahr dieses Druckes.

Druck: Wilhelm Röck, 7102 Weinsberg, Schwabstraße 20.
Printed in Germany
ISBN 3-12-518520-3

Inhalt

Vorwort

Erste Anfangskenntnisse haben wir erworben. Wir beginnen, uns im Gebrauch des Französischen allmählich freier zu bewegen. Nun treten aber Unsicherheiten auf, wir machen Fehler. Da diese erfahrungsgemäß immer wieder dieselben sind, wollen wir sie gezielt bekämpfen.

Dabei soll dieses französische Fehler-ABC helfen. Es behandelt 105 Wörter und Begriffe, die für den Deutschsprachigen ständig zu Fehlerquellen werden. Wer aber diese kennt, kann den größten Teil der Irrtümer vermeiden, die bei Übersetzungen und schriftlichen Arbeiten, vor allem aber im Gespräch mit Franzosen häufig gemacht werden. Es lohnt sich also, den Inhalt des Fehler-ABCs zu studieren und sorgfältig durchzuarbeiten.

Insbesondere wurde das Fehler-ABC als Vorbereitungshilfe für das Abitur sowie für den Erwerb des VHS-Zertifikats konzipiert. Die ausgewählten Beispielsätze sind der französischen Alltagssprache entnommen; sie werden durch zahlreiche idiomatische Wendungen ergänzt, die zusätzlichen Wortschatz in die entsprechenden Wort- und Bedeutungsfelder eingliedern.

Gebrauchsanweisung

Bevor wir den Inhalt dieses Fehler-ABCs studieren, sollten wir uns über zwei Fragen Klarheit verschaffen:

1. *Welches sind unsere typischen Fehler, d. h. an welchen Punkten müssen wir unsere Leistungen verbessern?*

Wir können das feststellen, wenn wir die 50 Kontrollaufgaben am Anfang des Buches lösen. Es sind französische Lückentexte, die wir vervollständigen sollen. Die deutsche Entsprechung ist jeweils angegeben. Das „Test"-Ergebnis — sei es gut (mindestens 35 richtige Antworten), sei es schlecht (weniger als 20 richtige Antworten) — wird uns zeigen, wo wir Fehler machen.

2. *Wie verbessern wir unsere Leistungen?*

a) Wir lesen die zu Beginn der einzelnen Stichwörter gegebenen Hinweise aufmerksam durch und prägen uns das ein, was sie an Neuem enthalten.

b) Danach übersetzen wir mündlich, besser aber schriftlich, die links gegebenen Beispiel- und Übungssätze.

c) Zur Kontrolle legen wir die beigegebene Klarsichtfolie auf die rechte Seitenhälfte: die richtige Übersetzung wird lesbar. Wir vergleichen diese mit unserer Übersetzung und wissen nun genau, welche Fehler wir gemacht haben, welche Fehlerquellen uns noch nicht voll bewußt sind.

d) Der Lernerfolg erhöht sich, wenn wir den Stoff mehrmals von vorn durcharbeiten, d. h. durchlesen, übersetzen und vergleichen. Die Zahl unserer Fehler wird immer geringer, und wir spüren, wie wir im Gebrauch des Französischen sicherer werden.

e) Es bleibt auch bei mehrmaligem Üben immer ein kleiner Rest von Problemen übrig, die wir nur schwer in den Griff bekommen. Diese sollte man am Seitenrand rot markieren und dann das gesamte Fehler-ABC daraufhin nochmals konzentriert durcharbeiten.

Es empfiehlt sich, das Ganze nach einer Woche, dann nach 2 Wochen zu wiederholen. Der Erfolg ist sicher: wie groß er ist, hängt von der Intensität unserer Arbeit ab.

Kontrollaufgaben

Die richtigen Lösungen finden Sie auf S. 89.

1.	C'est vraiment . . .	(ärgerlich)
2.	Je . . . ai . . . ce livre.	(bei ihm geliehen)
3.	Sais-tu . . . il a fait cela?	(wie)
4.	J' . . . à l'instant qu'Alain a réussi à son examen.	(höre)
5.	Le petit enfant apprend à . . .	(gehen)
6.	Montez, je vais vous . . . à la gare.	(bringen)
7.	Il y a une grève des transports, les autobus ne . . . pas.	(fahren)
8.	Le vin sera bon . . .	(dieses Jahr)
9.	Il est moins travailleur . . . moi.	(als)
10.	Dans la plupart des cinémas, il n'y a pas de . . .	(Garderobe)
11.	Je vais vous donner d' . . . renseignements.	(weitere)
12.	Elle . . . hier.	(hat geheiratet)
13.	Le climat de cette région est très . . .	(gesund)
14.	Tu as pu . . . ton bus?	(noch bekommen)
15.	Ce mur est très . . .	(dick)
16.	Pourquoi ne . . . -vous pas . . . cet incident?	(erzählen . . . von)
17.	Je vous . . . sincèrement.	(bedaure)
18.	Cette maison a été frappée par . . .	(Blitz)
19.	Il m'a . . . cela dans tous les détails.	(erklärt)
20.	Ils sont partis . . . huit jours.	(vor)
21.	Il ne . . . pas encore lire.	(kann)
22.	Il est allé jusqu'à la . . . de ses possibilités.	(Grenze)
23.	Un monument . . . au mileu de la place.	(erhebt sich)
24.	Voyez-vous le . . . de la mer?	(Boden)
25.	C'est toujours . . .	(dasselbe)
26.	As-tu assez d'argent . . .?	(bei dir)
27.	La vallée du Rhin . . . un peu la vallée de la Seine.	(erinnert an)

28. La . . . fraîche ne sèche pas vite.	(Farbe)
29. Donne-lui . . . de gâteau.	(ein Stück)
30. Le professeur a . . . venir un élève.	(lassen)
31. . . . -tu souvent la radio?	(hörst)
32. Il a pris . . . sel.	(etwas)
33. . . . il faisait de l'orage, nous sommes restés à la maison.	(da)
34. Il . . . presque tous les soirs.	(besucht uns)
35. Il avait cueilli . . . dix kilos de fraises.	(fast)
36. C'est le samedi que la plupart des annonces . . . dans les journaux.	(erscheinen)
37. Ne lui donnez qu'une . . .	(halbe Portion)
38. Viendra-t-il avec nous? . . .	(Hoffentlich nicht)
39. Elle chante . . . mieux.	(immer)
40. L'eau a déjà . . .	(gekocht)
41. Pourquoi a-t-il agi . . . ?	(so)
42. Qui est parti . . . ?	(zuletzt)
43. Tu sais jouer . . . ?	(Tennis)
44. Son frère est . . . que lui.	(älter)
45. Si tu veux, nous pouvons . . . dans le lac.	(baden)
46. Chacun a ses petits . . .	(Fehler)
47. Vous . . ., monsieur?	(wünschen)
48. Adressez-vous au commissariat . . .	(nächsten)
49. Tu ne dis rien? Tu n'as quand même pas perdu la . . . !	(Sprache)
50. Tu sais, ces artichauts sont vraiment . . .	(eine Delikatesse)

Übersicht über die deutschen Stichwörter

mit Seitenangabe

Fehler-ABC „Abend“ bis „zuletzt“

1. **Abend** (vgl „Jahr“, „Tag“)

le soir — Abend (Zeitpunkt)
la soirée — Abend (Zeitdauer und Inhalt); Abendgesellschaft

Ich bin um 8 Uhr abends nach Hause zurückgekehrt.	Je suis rentré chez moi à huit heures du *soir*.
Er wird heute abend zu uns kommen.	Il viendra chez nous ce *soir*.
Wir haben einen angenehmen Abend mit unseren Freunden verbracht.	Nous avons passé une *soirée* agréable avec nos amis.
Er arbeitet von morgens bis abends.	Il travaille du matin au *soir*.
Sie hat ihn bei bei einem Tanzabend kennengelernt.	Elle l'a connu au cours d'une *soirée* dansante.

Beachte:

le soir — abends, am Abend
hier soir — gestern abend
la veille au soir — am Vorabend, am Abend vorher

2. alt

âgé — Altersangabe bei Personen
ancien — ehemalig, aus früherer Zeit
vieux, vieille — Altersangabe bei Sachen und Personen (im Gespräch aus Höflichkeit meist vermieden)

Gestern habe ich einen alten Klassenkameraden getroffen.	Hier, j'ai rencontré un *ancien* camarade de classe.
Alte Leute fühlen sich häufig vereinsamt.	Les *vieux/personnes âgées* se sentent souvent isolés/isolées.
Meine Schwester ist älter als ich.	Ma sœur est plus *âgée* que moi.
Warum ziehst du immer dieses alte Kleid an?	Pourquoi mets-tu toujours cette *vieille* robe?
Hast du moderne oder alte Möbel?	Tu as des meubles modernes ou des meubles *anciens*?
Die alten Pariser Straßen haben einen gewissen Reiz.	Les *vieilles* rues de Paris ont un certain charme.

Beachte:

Wie alt ist er? — *Quel âge a-t-il?*
Er ist 20 Jahre alt. — *Il a 20 ans/est âgé de 20 ans.*

3. Alter

l'âge (m) — Lebensalter
la vieillesse — hohes Alter

In deinem Alter solltest du dich nicht so auffällig kleiden.	A ton *âge*, tu ne devrais pas t'habiller d'une façon aussi extravagante.
Mein Großvater hatte ein glückliches Alter.	Mon grand-père a eu une *vieillesse* heureuse.
Sie ist viel zu brav für ihr Alter.	Elle est bien trop sage pour son *âge*.
Er ist an Alter(sschwäche) gestorben.	Il est mort de *vieillesse*.

Beachte: (hohes) Alter — auch: *le troisième âge*

4. ander

autre — weiter, zusätzlich, noch ein
différent — verschieden, andersartig, unterschiedlich

Jeder gab eine andere Antwort auf meine Frage.	Chacun a donné une réponse *différente* à ma question.
Da das Glas nicht sauber war, gab sie mir ein anderes.	Comme le verre n'était pas propre, elle m'en a donné un *autre*.
Wir werden das ein anderes Mal tun.	On fera ça une *autre* fois.
Seine Methode ist ganz anders als meine.	Sa méthode est toute *différente* de la mienne.

Beachte:

Ich hatte keine andere Wahl. — *Je n'avais pas le choix.*

5. anzünden

allumer — anzünden (was zum Brennen bestimmt ist)
incendier } in Brand stecken, Feuer legen
mettre le feu à qc } (um Schaden zu verursachen)

Die aufgebrachte Menge hat mehrere Autos umgestürzt und angezündet.	La foule en colère a renversé et *incendié*/*mis le feu à* plusieurs voitures.
Er zündete (sich) eine Zigarette an.	Il *alluma* une cigarette.
Sie hatten Holz angezündet, um sich zu wärmen.	Ils avaient *allumé* du bois pour se réchauffer.
Die Polizei sucht die drei Männer, die das Schloß angezündet haben.	La police recherche les trois hommes qui ont *incendié le*/*mis le feu* au château.

Beachte:

allumer la lumière/la radio - das Licht/das Radio einschalten

6. ärgerlich

fâché (contre qn/de qc) — verärgert (von Personen)
fâcheux — unerfreulich (von Sachen)

Das ist eine ärgerliche Sache.	C'est une affaire *fâcheuse*.
Er war ärgerlich über mich.	Il était *fâché* contre moi.
Sie war ärgerlich darüber, daß sie betrogen worden war.	Elle était *fâchée* d'avoir été trompée.
Er hat mich in eine ärgerliche Situation gebracht.	Il m'a mis dans une situation *fâcheuse*.

7. Aufgabe

le devoir — Pflicht, pl: schriftliche Hausaufgaben
la leçon — mündliche Aufgabe
la tâche — Auftrag
le problème — Rechenaufgabe

Man hat ihm die Aufgabe ungeheuer erleichtert.	On lui a énormément facilité la *tâche*.
Mach zuerst deine Aufgaben, dann kannst du weggehen.	Fais d'abord tes *devoirs*. Tu sortiras après.
Wir können ihm diese Aufgabe übertragen, denn er ist sehr gewissenhaft.	Nous pouvons lui confier cette *tâche*, car il est très consciencieux.
Er kann seine Aufgabe nicht.	Il ne sait pas sa *leçon*.
Es ist deine Aufgabe, deinen alten Eltern zu helfen.	Il est de ton *devoir* d'aider tes vieux parents.
Wir haben nicht die Lösung der Mathematikaufgabe gefunden.	Nous n'avons pas trouvé la solution du *problème*.
Er hatte seine Aufgabe gut gemacht/gelernt.	Il avait bien appris sa *leçon*.

8. baden

baigner qn/qc — jdn/etw baden
se baigner — baden (im offenen Wasser: Meer, Fluß, usw)
prendre un bain — baden (in der Badewanne)

Ich habe im Stadtbad gebadet.	Je *me suis baigné* dans la piscine municipale.
Er mußte dreimal am Tage seinen kranken Finger baden.	Il devait *baigner* son doigt malade trois fois par jour.
Er badet jeden Morgen.	Il *prend un bain* tous les matins.
Jeden Abend hat die Mutter ihr kleines Kind gebadet.	Chaque soir, la mère *baignait* son petit enfant.
Während der Ferien gehen wir alle Tage zum Strand, um im Meer zu baden.	Pendant les vacances, nous allons tous les jours à la plage pour *nous baigner*.
Wenn du willst, kannst du ein Bad nehmen/baden.	Si tu veux, tu peux *prendre un bain*.

9. Ball

la balle — kleiner Ball, z. B. Tennisball
le ballon — großer Ball, z. B. Fußball
le bal — Tanz, Tanzvergnügen

Wir sind mit unseren Freunden gestern abend zum Ball gegangen.	Hier soir, nous sommes allés au *bal* avec nos amis.
Beim Fußball darf man den Ball nicht mit den Händen berühren.	Quand on joue au football, on ne doit pas toucher *le ballon* avec les mains.
Wir wollen Ping-Pong spielen. Wo sind die Bälle?	On veut jouer au ping-pong. Où sont *les balles*?

Ich werfe dir den Ball zu; fange ihn auf!

Je te lance *la balle/le ballon*; attrape-la/le!

Ein großer Ball wurde anläßlich des Staatsbesuchs des französischen Präsidenten in Deutschland gegeben.

Un grand *bal* a été donné à l'occasion de la visite officielle du Président français en Allemagne.

Beachte:

Schneeball — *la boule de neige*

10. Bank

le banc — Sitzbank (allgemein)
la banquette — Sitzbank (Eisenbahn, Couch)
la banque — Geldinstitut, Spielbank

Ich habe mein Geld auf die Bank gebracht.

J'ai déposé mon argent à la *banque*.

Wir haben uns auf eine Bank gesetzt.

Nous nous sommes assis sur un *banc*.

Die Bänke dieses Waggons sind schlecht gepolstert.

Les *banquettes* de ce wagon sont mal rembourrées.

Er träumt davon, die Bank zu sprengen.

Il rêve de faire sauter la *banque*.

Hast du auch ein Bankkonto?

As-tu aussi un compte en *banque*?

Diese Bank kann auch als Bett dienen.

Cette *banquette* peut aussi servir de lit.

11. bedauern

plaindre qn — jdn bemitleiden
regretter qc — etw bereuen (selbst verschuldet)
déplorer qc — etw beklagen (ohne eigene Schuld geschehen)

Er hat es sehr bedauert, diese Stelle nicht angenommen zu haben.	Il a beaucoup *regretté* de ne pas avoir accepté cet emploi.
Alle haben seine Abwesenheit bedauert.	Tous ont *déploré* son absence.
Ich bedaure, Ihnen Unrecht getan zu haben.	Je *regrette* de vous avoir fait du tort.
Er ist sehr zu bedauern.	Il est bien à *plaindre*.
Ich bedaure aufrichtig diese arme Frau, die Opfer eines Unfalls geworden ist.	Je *plains* sincèrement cette pauvre femme qui a été victime d'un accident.
Die Gesellschaft bedauert den Verlust ihres Mitarbeiters.	La compagnie *déplore* la perte de son collaborateur.

12. bei

chez — im Hause/Laden von
auprès de — bei einer Person
près de — nicht weit entfernt von

Der Arzt ist bei meinem kranken Freund.	Le docteur est *auprès de* mon ami malade.
Unsere Schule ist beim Bahnhof.	Notre lycée est *près de* la gare.
Bei wem kaufen Sie Ihre Hüte?	*Chez* qui achetez-vous vos chapeaux?
Ich habe mich bei ihm erkundigt.	Je me suis renseigné *auprès de* lui.
Karl wohnt bei uns.	Charles habite *chez* nous.

Versailles liegt bei Paris.	Versailles est/se trouve *près de* Paris.

Beachte:

Je n'ai pas d'argent sur moi. — Ich habe kein Geld bei mir.
Il est mort dans un accident de voiture. — Er ist bei einem Autounfall tödlich verunglückt.

13. bekommen

avoir — kriegen, erhalten (allgemein)
recevoir — bekommen (Post, Einladung, Geschenke)
obtenir — erlangen (durch Anstrengung)
trouver — finden, auftreiben

Glaubst du, daß wir heute (noch) Regen bekommen?	Crois-tu que nous *aurons* de la pluie aujourd'hui?
Bei diesem Wettbewerb hat sie den ersten Preis bekommen.	A ce concours, elle a *obtenu* le premier prix.
Ich habe einen Brief von meinen englischen Freunden bekommen.	J'ai *reçu* une lettre de mes amis anglais.
Wo bekomme ich Filme?	Où est-ce que je peux *trouver* des pellicules?
Er hat die Stelle bekommen, um die er sich beworben hat.	Il a *obtenu* l'emploi qu'il a sollicité.
Mein Bruder hat zum Geburtstag viele Geschenke bekommen.	Mon frère a *reçu/eu* beaucoup de cadeaux pour son anniversaire.
Ich habe eine gute Note in Mathematik bekommen.	J'ai *eu/obtenu* une bonne note en maths.

Beachte:

eine Krankheit bekommen — *attraper une maladie*
den Zug noch bekommen — *attraper le train*

14. bemerken

apercevoir — (rasch, flüchtig) sehen
remarquer — deutlich wahrnehmen
s'apercevoir (de) — geistig wahrnehmen
faire remarquer/observer — äußern, eine Bemerkung machen

Er bemerkte seinen Fehler zu spät.	Il *s'aperçut* trop tard de son erreur.
Wir haben einen Soldaten in der Menschenmenge bemerkt.	Nous avons *remarqué/aperçu* un soldat dans la foule.
Jemand bemerkte, daß es vielleicht gut wäre, die Polizei zu verständigen.	Quelqu'un *fit observer/remarquer* qu'il serait peut-être bon de prévenir la police.
In der Ferne bemerkte man die Umrisse einiger Hügel.	Au loin, on *apercevait* les contours de quelques collines.
Ich bemerkte ihn, als er um die Straßenecke bog.	Je l'ai *aperçu* comme il tournait au coin de la rue.
Plötzlich bemerkte er, daß er seine Frau in der Menschenmenge verloren hatte.	Tout à coup il *s'aperçut* qu'il avait perdu sa femme dans la foule.
Ich habe heute früh bemerkt, daß sie ein neues Kleid trug.	J'ai *remarqué* ce matin qu'elle portait une nouvelle robe.

Beachte:

faire remarquer/observer qc à qn — jdn auf etw hinweisen
se faire remarquer — (unangenehm) auffallen

15. besuchen

aller/venir voir — (freundschaftlich) besuchen
rendre visite à — einen Besuch abstatten (auch offiziell)
visiter — besichtigen, offiziell besuchen
fréquenter — gewohnheitsmäßig besuchen

Unsere Freunde werden uns morgen abend besuchen.	Nos amis viendront nous voir demain soir.
Wenn Sie nach Paris kommen, müssen Sie unbedingt den Louvre besuchen.	Si vous allez/venez à Paris, il faut absolument que vous visitiez le Louvre.
Während seiner offiziellen Italienreise hat der Präsident den Papst besucht.	Au cours de son voyage officiel en Italie, le Président a rendu visite au pape.
Wenn deine Eltern einverstanden sind, werde ich sie am Donnerstag nachmittag besuchen.	Si tes parents sont d'accord, j'irai les voir jeudi après-midi.
Er besucht alle Pariser Kneipen.	Il fréquente tous les bistrots de Paris.
Ich besuche jedes Jahr meine englische Brieffreundin.	Chaque année, je rends visite à ma correspondante anglaise.
Dieses Restaurant wird von vielen Künstlern besucht.	Ce restaurant est fréquenté par beaucoup d'artistes.
Wenn du in Köln vorbeikommst, vergiß nicht, den Dom zu besuchen.	Si tu passes par Cologne, n'oublie pas de visiter la cathédrale.

Beachte:

aller au lycée/théâtre — das Gymnasium/Theater besuchen

16. Beute

le butin — Diebsgut (Sache)
la proie — Opfer (Tier; fig: auch Mensch, Sache)

Der Tiger lauert seiner Beute auf.	Le tigre guette sa *proie*.
Der Dieb mußte von seiner Beute ablassen.	Le voleur a dû abandonner son *butin*.
Wegen seiner Naivität ist er eine leichte Beute für jede Art von Reklame.	A cause de sa naïveté, il est une *proie* facile pour tout genre de publicité.
Die Sieger teilten sich die Kriegsbeute.	Les vainqueurs se partagèrent le *butin* de guerre.
Das Haus war eine Beute der Flammen.	La maison était la *proie* des flammes.

Beachte:

l'oiseau de proie — Raubvogel

17. Bild

l'image (f) — Bild (allgemein, auch Fernsehen)
le tableau — Gemälde
l'idée (f) — Vorstellung

Die Bilder der großen Meister sind von unschätzbarem Wert.	Les *tableaux* des grands maîtres sont d'une valeur inestimable.
Zu seinem Geburstag bekam Hans ein schönes Bilderbuch.	Pour son anniversaire, Jean a reçu un beau livre d'*images*.
Das Bild, das du dir von dieser Sache machst, ist falsch.	L'*idée* que tu te fais de cette affaire est fausse.

Das Bild ist klar/scharf.	*L'image* est très nette.
Wir haben ein Bild an die Wand des Eßzimmers gehängt.	Nous avons accroché un *tableau* au mur de la salle à manger.
Bevor wir anfangen, müssen wir uns ein klares Bild von unseren Mitteln und Möglichkeiten machen.	Avant de commencer, nous devons nous faire une *idée* exacte de nos moyens et de nos possibilités.

Beachte:

über etwas im Bilde sein — *être au courant de qc*
das Image — *l'image de marque*

18. bitten

demander à qn / *prier qn* } *de faire qc* — jd bitten, etwas zu tun

Ich habe ihn gebeten, mir dieses Buch zu leihen.	Je *l'ai prié/lui ai demandé* de me prêter ce livre.
Er hat ihn gebeten, ihn zum Bahnhof zu begleiten.	Il *l'a prié/lui a demandé* de l'accompagner à la gare.

Beachte:

demander qc à qn — jd um etwas bitten (Sachobjekt)

Er hat seinen Vater um ein Foto gebeten.	Il a *demandé* une photo à son père.

19. Blitz

l'éclair (m) — Lichtschein des Blitzes, auch fig
la foudre — Blitzschlag

Diese Kirche wurde vom Blitz getroffen.	Cette église a été frappée par *la foudre*.
Es blitzt.	Il fait des *éclairs*.
Auf den Blitz folgte ein heftiger Donner.	*L'éclair* fut suivi d'un violent coup de tonnerre.
Der Blitz ist nicht weit von hier in ein Bauernhaus eingeschlagen.	*La foudre* est tombée non loin d'ici, sur la maison d'un paysan.
Er ist schnell wie der Blitz/blitzschnell.	Il est prompt/rapide comme *l'éclair*.

Beachte: *des éclairs de chaleur* — Wetterleuchten; *le coup de foudre* — Liebe auf den ersten Blick

20. Boden

la terre, le sol — Erde, Erdboden
le terrain — Bodenoberfläche (abgegrenzt)
le sol, le plancher — Fußboden
le fond — Boden eines Behälters/Hohlraums

Die Bücher sind auf dem Boden des Koffers.	Les livres sont *au fond* de la valise.
Es hat geregnet, und der Boden ist glatt.	Il a plu et *le terrain/le sol* est glissant.
Bei schönem Wetter kann man den Meeresboden sehen.	Par beau temps, on peut voir *le fond* de la mer.
Wir haben Boden gewonnen.	Nous avons gagné du *terrain*.

Die Normandie ist reich an fruchtbaren Böden.	La Normandie est riche en *sols/terres* fertiles.
Die Kinder hatten ihre elektrische Bahn auf dem Boden aufgebaut.	Les enfants avaient installé leur train électrique sur *le plancher/le sol.*

Beachte:

tomber/jeter par terre — auf den Boden fallen/werfen

Ich bin über einen Stein gestolpert und auf den Boden/die Erde gefallen.	J'ai trébuché sur une pierre et je suis tombé *par terre.*

21. bringen

porter — (Sachen) tragen ● →
apporter — (Sachen) mitbringen ● ←
transporter — (schwere Sachen, auch Personen) befördern ● →
emmener/conduire — (Personen mit dem Auto) hinbringen ● →
amener — (Personen) herbringen ● ←

Bring diesen Brief zur Post.	*Porte* cette lettre à la poste.
Bringen Sie mir bitte eine Tasse Kaffee.	*Apportez-moi* une tasse de café, s. v. p.
Was bringt Sie her?	Qu'est-ce qui vous *amène?*
Sie war verletzt, man hat sie ins Krankenhaus gebracht.	Elle était blessée, on l'a *transportée* à l'hôpital.
Könntest du mich zum Bahnhof bringen?	Tu pourrais me *conduire/m'emmener* à la gare?
Ich habe dir das Buch gebracht, um das du mich gebeten hast.	Je t'ai *apporté* le livre que tu m'as demandé.
Bring doch deine Freundin mit, wenn du das nächste Mal kommst!	La prochaine fois que tu viendras, *amène* donc ta petite amie!

22. Bürger

le citoyen — Staatsbürger
le bourgeois — Angehöriger der mittleren Schicht
l'habitant (m) — Bewohner

Er forderte die Bürger der Stadt auf, sich auf dem Marktplatz zu versammeln.

Il a invité les *habitants* de la ville à se réunir sur la place du marché.

Als guter Bürger hat er sich an den Wahlen beteiligt.

En bon *citoyen*, il a pris part aux élections.

Er war ein richtiger Lyoneser Bürger: hart im Geschäft, aber ehrlich.

C'était un vrai *bourgeois* lyonnais: dur en affaires, mais honnête.

Man hat ihn zum Ehrenbürger unserer Stadt ernannt.

Il a été nommé *citoyen* d'honneur de notre ville.

Beachte:

la guerre civile — Bürgerkrieg
l'instruction civique — Staatsbürger-/Gemeinschaftskunde

23. da, weil

comme — da, gibt den Grund an
(Kausalsatz geht dem Hauptsatz voran.)

parce que — weil, antwortet auf die Frage „warum?"
(Kausalsatz steht meist im Nachsatz.)

puisque — da ja, der Grund wird als bekannt vorausgesetzt
(Kausalsatz steht vor/hinter dem Hauptsatz.)

Da mein Wagen in der Werkstatt war, nahmen wir den Zug.

Comme ma voiture était au garage, nous avons pris le train.
Nous avons pris le train *parce que* ma voiture était au garage.

Warum hast du per Scheck bezahlt? Weil ich kein Geld bei mir hatte.	Pourquoi est-ce que tu as payé par chèque? *Parce que* je n'avais pas d'argent sur moi.
Wir sind (wieder) nach Hause gegangen, weil es anfing zu regnen.	Nous sommes revenus à la maison *parce qu'il* commençait à pleuvoir. *Comme* il commençait à pleuvoir, nous sommes revenus à la maison.
Gehen Sie (doch) spazieren, da Sie keine Lust haben zu arbeiten.	Allez vous promener, *puisque* vous n'avez pas envie de travailler.
Da du ja so gescheit bist, versuche doch diese Rechenaufgabe zu lösen!	*Puisque* tu es si intelligent, essaie donc de faire ce problème!

24. dasselbe

la même chose — dasselbe
dagegen:
le même — derselbe

Sagen Sie nicht immer dasselbe.	Ne dites pas toujours *la même chose.*
Du hast dich nicht geändert. Du bist immer derselbe.	Tu n'as pas changé. Tu es bien toujours *le même.*
Es ist ihm dasselbe passiert wie dir.	Il lui est arrivé *la même chose* qu'à toi.
Er hat ein schönes Auto, ich möchte dasselbe haben.	Il a une belle voiture, j'aimerais avoir *la même.*

Beachte:

Ce n'est pas la même chose. — Das ist nicht dasselbe.
Ce n'est pas le même. — Das ist nicht derselbe (Mensch oder Gegenstand).

25. delikat

délicieux — wohlschmeckend, lecker
délicat — heikel, empfindlich

Dieses Kind ist oft krank; es hat eine sehr delikate Gesundheit.	Cet enfant est souvent malade; il est d'une santé très *délicate*.
Dieser Kuchen ist wirklich delikat.	Ce gâteau est absolument *délicieux*.
Wir haben noch ein sehr delikates Problem zu lösen.	Il nous reste encore un problème très *délicat* à résoudre.

Beachte:

Dieser Salat ist eine Delikatesse. — *Cette salade est délicieuse.*
Delikatessengeschäft — *l'épicerie fine*

26. dick

gros — von großem Umfang (Sachen, Personen), beleibt
épais — stark (Maßangabe, Sachen), dicht

Er raucht eine dicke Zigarre.	Il fume un *gros* cigare.
Dicke Tränen flossen über seine Wangen.	De *grosses* larmes coulaient sur ses joues.
Die Mauer ist nicht sehr dick.	Le mur n'est pas très *épais*.
Ein dicker Nebel bedeckte das Tal.	Un brouillard *épais* couvrait la vallée.

Sie sind zu dick. Sie sollten eine Abmagerungskur machen.	Vous êtes trop *gros*. Vous devriez suivre un régime.
Dieses Brett ist 3 cm dick.	Cette planche est *épaisse* de trois centimètres à trois centimètres d'*épaisseur*.

Beachte:

dicke Freunde — *des amis intimes*
dicke Milch — *du lait caillé*
eine dicke Lüge — *un gros mensonge*
Bist du aber dick geworden! — *Comme tu as grossi!*

27. eher

plus tôt — früher
plutôt — (viel-)mehr, ziemlich

Er ist eher faul als dumm.	Il est paresseux *plutôt* que bête.
Ich bin eher aufgestanden als er.	Je me suis levé *plus tôt* que lui.
Sie ist nicht nur eine Kameradin, sondern eher eine Freundin.	Ce n'est pas seulement une camarade, mais *plutôt* une amie.
Ich finde dieses Stück eher langweilig.	Je trouve cette pièce *plutôt* ennuyeuse.
Das Flugzeug startet um 15 Uhr, aber man muß viel eher auf dem Flugplatz sein.	L'avion décolle à 15 heures, mais il faut être à l'aéroport beaucoup *plus tôt*.

28. sich erheben

se lever — sich von seinem Platz erheben, aufstehen
s'élever — aufsteigen, in die Höhe/Lüfte steigen
se soulever — sich empören, aufständisch werden

Ein kleiner Hügel erhebt sich hinter unserem Haus.	Une petite colline *s'élève* derrière notre maison.
Die Zuschauer erhoben sich von ihren Plätzen, um den Künstler zu feiern.	Les spectateurs *se sont levés* pour applaudir l'artiste.
Das Volk erhebt sich gegen die Regierung.	Le peuple *se soulève* contre le gouvernement.
Ein Vogel erhebt sich in die Lüfte.	Un oiseau *s'élève* dans les airs.
Die Bauern erhoben sich gegen die Adligen.	Les paysans *se soulevèrent* contre la noblesse.

29. (sich) erinnern

rappeler qc à qn — jd an etwas erinnern
se rappeler qc — sich an etwas erinnern
se souvenir de qn/de qc — sich an jd/etwas erinnern

Ich erinnere mich nicht an seinen Namen.	Je ne me *rappelle* pas son nom. Je ne me *souviens* pas *de* son nom.
Ich erlaube mir, Sie daran zu erinnern, daß die Sitzung um 17 Uhr stattfindet.	Je me permets de vous *rappeler* que la réunion aura lieu à 17 heures.
Ich erinnere mich nicht mehr an ihn.	Je ne me *souviens* plus *de* lui.

Erinnerst du dich an dieses Lied?

Est-ce que tu te *rappelles* cette chanson?
Est-ce que tu te *souviens de* cette chanson?

Dieser Park erinnert mich an den Jardin du Luxembourg.

Ce parc me *rappelle* le jardin du Luxembourg.

Erinnern Sie sich nicht mehr an mich?

Vous ne vous *souvenez* plus de moi?

Beachte:

si j'ai bonne mémoire
si je me souviens bien } wenn ich mich recht erinnere

30. erklären

déclarer — verkünden, nachdrücklich/verbindlich behaupten
expliquer — verdeutlichen, erläutern

Das Gericht hat ihn für schuldig erklärt.

Le tribunal l'a *déclaré* coupable.

Er hat mir den Sinn dieses Satzes gut erklärt.

Il m'a bien *expliqué* le sens de cette phrase.

Er wagte nicht, ihr seine Liebe zu erklären.

Il n'osait pas lui *déclarer* son amour.

Erklären Sie mir, warum er das getan hat.

Expliquez-moi pourquoi il a fait cela.

Beachte:

se déclarer d'accord avec — sich einverstanden erklären mit
déclarer des marchandises — Waren verzollen

31. erscheinen

paraître — sichtbar werden; veröffentlicht werden
apparaître — unvermutet erscheinen; erscheinen (übernatürliche Wesen)
comparaître — vor Gericht erscheinen

Ein Flugzeug erschien plötzlich am Himmel.	Un avion *apparaît* dans le ciel.
Dieses Buch ist soeben erschienen.	Ce livre vient de *paraître*.
Der Angeklagte mußte vor Gericht erscheinen.	L'accusé devait *comparaître* devant le tribunal/en justice.
Im Traum erschien ihm der Engel Gabriel.	L'ange Gabriel lui *apparut* en rêve.
Die Sonne erscheint am Horizont.	Le soleil *paraît* à l'horizon.

32. erzählen

raconter qc (à qn) — (jd) etwas erzählen
parler à qn de qc — jd von etwas erzählen, sprechen über
raconter qc au sujet/sur le compte de qn — etwas über jd erzählen

Er hat mir eine sehr komische Geschichte erzählt.	Il m'a *raconté* une histoire très drôle.
Haben Sie ihm von Ihrem Erfolg erzählt?	Est-ce que vous lui avez *parlé* de votre succès?
Was hat er über mich erzählt?	Qu'est-ce qu'il a *raconté* à mon sujet/sur mon compte?
Erzählen Sie uns von Ihren zahlreichen Reisen!	*Parlez*-nous de vos nombreux voyages.

Sie hat mir ihr (ganzes) Leben erzählt.	Elle m'a *raconté* sa vie.
Man erzählt viel über ihn, aber das ist ihm egal.	On *raconte* beaucoup de choses à son sujet, mais ça lui est égal.

33. etwas

quelque chose — irgend etwas (im bejahten Satz)
rien — irgend etwas (im verneinten Satz)

Tun Sie etwas.	Faites *quelque chose*.
Wie gewöhnlich hatte niemand etwas gesehen.	Comme d'habitude, personne n'avait *rien* vu.
Er brach auf, ohne etwas zu sagen.	Il est parti sans *rien* dire.
Brauchst du etwas?	Tu as besoin de *quelque chose*?

Beachte:

quelque chose de bon/d'important — etwas Gutes/Wichtiges
un peu de beurre/de miel — etwas Butter/Honig

34. fahren

aller — fahren (allgemein)
prendre le train }
aller en train } mit dem Zug fahren
rouler — fahren (Fahrzeug, auch Personen)
conduire — fahren (Fahrer)
circuler — verkehren

Er fährt einmal wöchentlich nach Marseille.	Une fois par semaine, il *va* à Marseille.
Ich fahre öfters mit dem Wagen nach Rouen.	Je *prends* souvent *la voiture* pour aller à Rouen. Je *vais* souvent à Rouen *en voiture*.
Er kann nicht fahren.	Il ne sait pas *conduire*.
Dieser Zug fährt nur werktags.	Ce train ne *circule* que les jours ouvrables.
Ich weiß, daß mein Wagen alt ist. Aber Hauptsache ist, daß er fährt.	Je sais que ma voiture est vieille. Mais le principal, c'est qu'elle *roule*.
Am Sonntag fuhren wir mit dem Zug nach Paris.	Dimanche, nous sommes *allés à* Paris *en train*. Dimanche, nous avons *pris le train* pour aller à Paris.
Der Unfall passierte, als wir nach Paris fuhren.	L'accident s'est produit alors que nous *roulions* vers Paris.
Fährst du in den Ferien nach London?	Tu *vas* à Londres pendant les vacances?
Fährt der Autobus Nr. 33 am Abend?	Est-ce que le bus n° 33 *circule* le soir?

Beachte:

Tu vas trop vite. — Du fährst zu schnell.
Non, je fais seulement du 90. — Nein, ich fahre nur 90.

35. falsch (vgl „richtig")

faux, fausse — unwahr, unecht
mauvais — nicht richtig

Ich habe die Hausnummer nicht gefunden, weil ich auf der falschen Straßenseite war.	Je n'ai pas trouvé le numéro de la maison parce que j'étais du *mauvais* côté de la rue.
Sie trug falschen Schmuck.	Elle portait de *faux* bijoux.
Das ist ein falscher Geldschein.	C'est un *faux* billet.
Du hast den falschen Augenblick gewählt.	Tu as choisi le *mauvais* moment.
Er ist in die falsche Richtung gegangen.	Il est parti dans la *mauvaise* direction.

36. Farbe

la couleur — Farbe als Sinneswahrnehmung
la peinture — Material zum Anstreichen
le teint — Gesichtsfarbe

Ich habe einen Eimer Farbe gekauft.	J'ai acheté un seau de *peinture*.
Welche Farbe hat sein neues Auto?	De quelle *couleur* est sa nouvelle voiture?
Sie hat immer eine frische Gesichtsfarbe.	Elle a toujours le *teint* frais.
Die Farbe ist noch nicht trocken.	La *peinture* n'est pas encore sèche.
Das Grün paßt sehr gut zu ihrer Gesichtsfarbe.	Le vert va très bien avec son *teint*.
Ich habe einige Farbfotos mitgebracht.	J'ai apporté quelques photos en *couleurs*.

37. fast

presque — beinahe
près de — ungefähr (vor Zahlen und Zeitangaben)
faillir (+ inf), *manquer de* — fast (vor Verben)

Es war fast nichts übrig.	Il ne restait *presque* rien.
Fast tausend Demonstranten versammelten sich vor der Universität.	*Près de* mille manifestants se sont rassemblés devant l'université.
Ich rauche fast nie Pfeife.	Je ne fume *presque* jamais la pipe.
Er ist fast ertrunken.	Il a *manqué de/failli* se noyer.
Es ist fast drei Uhr.	Il est *près de* trois heures.
Sie hat sich fast das Bein gebrochen.	Elle a *manqué de/failli* se casser la jambe.

38. Fehler

la faute — Fehler, den man macht
le défaut — Fehler, den man/etwas hat

Er hat zwei Grammatikfehler gemacht.	Il a fait deux *fautes* de grammaire.
Dieses Glas hat einen Fehler.	Ce verre a un *défaut*.
Sie liebt ihn trotz seiner Fehler.	Elle l'aime malgré ses *défauts*.
Dieses Diktat ist voller Fehler.	Cette dictée est pleine de *fautes*!

Beachte: *une erreur de calcul* — ein Rechenfehler; *faire une gaffe* (fam) — einen (groben) Fehler machen

39. fertig

prêt (à) — bereit (zu)
fini
terminé } beendet, abgeschlossen

Das Mittagessen ist noch nicht fertig.	Le déjeuner n'est pas encore *prêt*.
Ist sie schon mit dem Studium fertig?	A-t-elle déjà *fini/terminé* ses études?
Die Arbeit wird nächste Woche fertig sein.	Le travail sera *fini/terminé* la semaine prochaine.
Wir sind fertig zur Abfahrt.	Nous sommes *prêts* à partir.

Beachte: *être épuisé* — völlig fertig/erschöpft sein

40. Film

le film — Spielfilm
la pellicule — Filmstreifen für Fotoapparat
le cinéma — Film als Institution/Organisation

In Brüssel gibt es ein Filmmuseum.	A Bruxelles il y a un musée du *cinéma*.
Wer hat in diesem Film mitgespielt?	Qui a joué dans ce *film*?
Ich muß (noch) diesen Film entwickeln lassen.	Je dois faire développer cette *pellicule*.
Wir haben gestern einen sehr schönen Farbfilm gesehen.	Hier, nous avons vu un très beau *film* en couleurs.
Wollen Sie zum Film (gehen)?	Voulez-vous faire du *cinéma*?
Legen Sie den Film in den Apparat ein.	Mettez la *pellicule* dans l'appareil.

41. Garderobe

la garde-robe — Kleiderbestand, Gesamtbesitz an Kleidern
le vestiaire — Kleiderablage (Theater usw)

Ich habe meinen Mantel an der Garderobe abgegeben.	J'ai déposé mon manteau au *vestiaire*.
Sie sollten nicht an Ihrer Garderobe sparen.	Vous ne devriez pas économiser sur votre *garde-robe*.
Die Garderobe ist im ersten Stock links.	Le *vestiaire* se trouve au premier étage à gauche.
Ich muß meine Sommergarderobe erneuern.	Il faut que je renouvelle ma *garde-robe* d'été.

Beachte:

Künstlergarderobe — *la loge*

42. geboren

être né à . . . le . . . — am . . . in . . . geboren sein
un médecin-né — ein geborener Arzt
de naissance — gebürtig, von Geburt

Wo ist er geboren?	Où est-il *né*?
Ich glaube, sie ist eine geborene/gebürtige Italienerin.	Je crois qu'elle est Italienne *de naissance*.
Sie ist die geborene Schauspielerin.	Elle est une comédienne-*née*.
Er ist am 1. Mai 1930 in Paris geboren.	Il est *né* à Paris le 1er (premier) mai 1930.
Sie lebt in Italien, ist aber eine geborene/gebürtige Engländerin.	Elle vit en Italie, mais elle est Anglaise *de naissance*.
Er ist der geborene Bastler.	C'est un bricoleur-*né*.

43. Gefühl

le sentiment — Gefühl (geistig, seelisch)
la sensation — Gefühl (mit den Sinnen wahrgenommen)
le sens — Sinn (für etwas)

Das Gefühl des Hungers und der Müdigkeit überkam/packte uns.	Une *sensation* de faim et de fatigue nous saisit.
Er hat das Gefühl für die Wirklichkeit verloren.	Il a perdu le *sens* de la réalité.
Sie kennen die Gefühle, die ich ihm gegenüber empfinde.	Vous connaissez les *sentiments* que j'éprouve à son égard.
Sie hat kein Gefühl für (den) Rhythmus.	Elle n'a pas le *sens* du rythme.
Er verbirgt seine Gefühle.	Il dissimule ses *sentiments*.

Beachte:

faire sensation — Aufsehen erregen

44. gegen

contre — entgegen, gegen (feindlich; im Austausch)
envers — gegenüber, zu (bei Personen)
vers — in Richtung (örtlich); etwa um (zeitlich)

Er kommt gegen sechs Uhr nach Hause.	Il rentre (à la maison) *vers* six heures.
Gegen alle Erwartung hat er sein Examen bestanden.	*Contre* toute attente, il a réussi à son examen.
Er ist von großer Höflichkeit gegen jedermann.	Il est d'une grande politesse *envers* tout le monde.
Peter hat seinen Radiergummi gegen einen Kuli eingetauscht.	Pierre a échangé sa gomme *contre* un stylo.
Man muß auch seinen Feinden gegenüber gerecht sein.	Il faut être juste, même *envers* ses ennemis.
Das Flugzeug flog gegen Süden.	L'avion volait *vers* le sud.
Er hat sich tapfer gegen seinen Gegner gewehrt/verteidigt.	Il s'est défendu courageusement *contre* son adversaire.
Ich habe nichts gegen ihn.	Je n'ai rien *contre* lui.

45. gehen

aller — jede Art der Fortbewegung (mit Angabe des Zieles!)
aller à pied — zu Fuß gehen; Gegensatz: fahren
marcher — gehen; Gegensatz: nicht gehen können, rasten

Peter geht ins Gymnasium.	Pierre *va* au lycée.
Er geht zu Fuß von seiner Wohnung zu seiner Arbeitsstelle.	Il *va à pied* de son domicile à son lieu de travail.
Laß uns etwas ausruhen, ich kann nicht mehr gehen.	Reposons-nous un peu, je ne peux plus *marcher*.
Wir haben den letzten Bus verpaßt. Also müssen wir zu Fuß gehen.	Nous avons manqué le dernier bus; alors, il faut *aller à pied*.
Hans kann nicht gehen, er hat sich den Fuß verletzt.	Jean ne peut pas *marcher*, il s'est fait mal au pied.
Ich muß zum Zahnarzt gehen.	Je dois *aller* chez le dentiste.

Beachte:

Die neuen Kleider gehen gut.	Les nouvelles robes se *vendent* bien.
Worum geht's?	De quoi *s'agit-il*?
Er ist gegangen.	Il est *parti/s'en est allé*.
Meine Uhr geht nicht.	Ma montre ne *marche* pas.
Wie geht es Ihnen?	Comment *ça va/allez-vous*?
Das geht Sie nichts an.	Cela ne vous *regarde* pas.

46. gesund

sain — gesund (von Natur/Veranlagung aus)
en bonne santé / *bien portant* } gesund (Gegensatz: krank)
bon pour la santé — gesundheitsfördernd

Als ich sie neulich traf, war sie noch gesund.	Quand je l'ai rencontrée l'autre jour, elle était encore *bien portante/en bonne santé.*
Sie haben drei gesunde und kräftige Kinder.	Ils ont trois enfants *sains* et robustes.
Salat und Obst sind gesund.	La salade et les fruits sont *bons pour la santé.*
Ich hoffe, daß du gesund bist.	J'espère que tu es *en bonne santé/bien portant.*
Die gesunde Seeluft wird ihm gut tun.	L'air *sain* de la mer lui fera du bien.
Treiben Sie Sport; das ist gesund.	Faites du sport; c'est *bon pour la santé.*

Beachte:

avoir bon appétit — einen gesunden Appetit haben

47. Grenze

la limite (meist pl) — Grenze (allgemein)
la frontière — politische Grenze (zwischen zwei Staaten)

Meine Geduld hat (auch) Grenzen.	Ma patience a des *limites*.
Wir sind an der deutsch-französischen Grenze angekommen.	Nous sommes arrivés à la *frontière* franco-allemande.
Die Pyrenäen bilden die Grenze zwischen Frankreich und Spanien.	Les Pyrénées forment la *frontière* entre la France et l'Espagne.
Er hat die genaue Grenze seines Grundstücks festgelegt.	Il a fixé les *limites* exactes de son terrain.

48. groß

grand — groß (allgemein), bedeutend, erwachsen
gros — groß (an Umfang, vgl „dick"), schwer (wiegend)

Sein großer Bruder heißt Marcel.	Son *grand* frère s'appelle Marcel.
Mein Vater hat einen großen Fisch gefangen.	Mon père a pris un *gros* poisson.
Sie ist eine große Künstlerin.	C'est une *grande* artiste.
Das ist ein großer Irrtum.	C'est une *grosse* erreur.

Beachte:

Combien mesurez-vous? — Wie groß sind Sie?
Je mesure un mètre quatre-vingts. — Ich bin 1,80 m groß.

49. Größe

la grandeur — Eigenschaft
la taille — Körpergröße, Größe von Kleidungsstücken
la pointure — Schuh-/Handschuhgröße

Jeder bewundert Napoelons Größe.	Tout le monde admire la *grandeur* de Napoléon.
Welche Schuhgröße haben Sie?	Quelle *pointure* chaussez-vous? Quelle est votre *pointure*?
Er ist von mittlerer Größe.	Il est de *taille* moyenne.
Dieses Kleid hat Größe 42.	C'est une robe de *taille* quarante-deux.
Welche Handschuhgröße haben Sie?	Quelle est votre *pointure* (de gants)?
Die (wahre) Größe eines Menschen hängt nicht von seiner Körpergröße ab.	La *grandeur* d'un homme ne dépend pas de sa *taille*.

Beachte:

Quelle est votre taille? — Welche Größe haben Sie?
Il a la folie des grandeurs. — Er leidet an Größenwahn.

50. Grund

la cause — Ursache
la raison — vernunftmäßiger Grund
le motif — Anlaß, Triebfeder

Aus welchem Grund hat er das getan?	Pour quelle *raison* a-t-il fait cela?
Was ist der Grund Ihres Besuchs?	Quel est le *motif* de votre visite?

Ich kann mir den Grund für seine Verspätung kaum erklären.	Je m'explique mal la *cause* de son retard.
Er hat aus politischen Gründen gehandelt.	Il a agi pour des *motifs/raisons* d'ordre politique.
Der Grund für seinen Erfolg ist ganz einfach sein Mut.	La *cause* de sa réussite, c'est son courage, tout simplement.

Beachte:

le mobile — Tatmotiv

Die Polizei sucht vergeblich den Grund für das Verbrechen.	La police cherche en vain le *mobile* du crime.

51. Haar

le cheveu (meist pl) — Kopfhaar des Menschen
le poil — Körperhaar (Mensch, Tier)

Sie hat schwarzes Haar.	Elle a les *cheveux* noirs.
Unser Hund verliert seine Haare.	Notre chien perd ses *poils*.
Er hat sich das Haar schneiden lassen.	Il s'est fait couper les *cheveux*.
Mein Freund hat die Hände und Beine voller Haare/mit Haaren bedeckt.	Mon ami a les mains et les jambes couvertes de *poils*.

Beachte:

C'est tiré par les cheveux. — Das ist an den Haaren herbeigezogen.
avoir mal aux cheveux — einen Kater/Katzenjammer haben
être à poil (fam) — nackt sein

52. halb

demi (adj) — halb (*une demi-heure* dagegen: *une heure et demie*)

à demi } (adv) — halb
à moitié }

Er hatte eine halbe Flasche Rotwein getrunken.	Il avait bu une *demi*-bouteille de vin rouge.
Der Zug ist mit 1½ Stunden Verspätung angekommen.	Le train est arrivé avec une heure et *demie* de retard.
Mein Glas ist noch halbvoll.	Mon verre est encore *à moitié/à demi* plein.
Es ist halb eins (mittags).	Il est midi et *demi*.
Sie haben nur halbe Maßnahmen getroffen.	Ils n'ont pris que des *demi-mesures*.
Als sie ankam, war sie halbtot vor Ermüdung.	Quand elle arriva, elle était *à moitié/à demi* morte de fatigue.

Beachte:

ein halbes Jahr — *six mois*
ein halber Apfel — *la moitié d'une pomme*

53. halten für

1. mit Substantiv:

considérer comme } halten für (persönliche Meinung)
regarder comme }
prendre pour — ansehen als (irrtümlich)

2. mit Adjektiv:

croire } halten für
juger }

Ich hatte die zwei Freunde für Brüder gehalten.	J'avais *pris* les deux amis *pour* des frères.
Man hält ihn für einen großen Staatsmann.	On le *considère/regarde comme* un grand homme d'Etat.
Ich halte diesen Roman für sein Meisterwerk.	Je *considère/regarde* ce roman *comme* son chef-d'œuvre.
Der Chef hält ihn für fähig, diesen Plan durchzuführen.	Le patron le *croit* capable de réaliser ce projet.
Für wen halten Sie mich (eigentlich)?	*Pour* qui me *prenez*-vous?
Er hat es für richtig gehalten, Sie zu benachrichtigen.	Il a *cru/jugé* bon de vous avertir.

54. heiraten, verheiraten

se marier — heiraten

se marier avec qn *épouser qn*	jd heiraten, sich mit jd verheiraten

être marié — verheiratet sein

Sie sind seit 3 Jahren verheiratet.	Ils sont *mariés* depuis trois ans.
Meine Schwester hat gestern geheiratet.	Ma sœur s'est *mariée* hier.
Warum hat er sie nicht geheiratet?	Pourquoi ne l'a-t-il pas *épousée*? Pourquoi ne s'est-il pas *marié* avec elle?
Seine Eltern haben vor 25 Jahren geheiratet.	Ses parents se sont *mariés* il y a vingt-cinq ans.
Sie hat einen Millionär geheiratet.	Elle a *épousé* un millionnaire. Elle s'est *mariée* avec un millionnaire.

Beachte:

marier qn — jd verheiraten/trauen

Der Pfarrer hat seine Tochter getraut.	Le pasteur a *marié* sa fille.

55. hoffentlich

bei verschiedenem Subjekt:

J'espère/espérons que tu arriveras demain. — Hoffentlich . . .

bei gleichem Subjekt auch:

J'espère te revoir bientôt. — Hoffentlich . . .

Hoffentlich bist du morgen da.	*J'espère que tu seras là demain.*
Hoffentlich sehe ich dich bald wieder.	*J'espère te revoir bientôt.* *J'espère que je te reverrai bientôt.*
Hoffentlich gewinne ich bei der Lotterie.	*J'espère bien gagner à la loterie.* *J'espère bien que je gagnerai à la loterie.*
Hoffentlich kommt er mit uns zelten.	*Espérons qu'il viendra camper avec nous.*

Beachte:

J'espère/espérons que oui. — Hoffentlich.
J'espère/espérons que non. — Hoffentlich nicht.

Wird der Zug rechtzeitig ankommen? — Hoffentlich.	Le train arrivera-t-il à l'heure? *J'espère/espérons que oui.*
Meinst du, daß es regnen wird? — Hoffentlich nicht.	Crois-tu qu'il va pleuvoir? *J'espère/espérons que non.*

56. hören

entendre — hören (allgemein)
écouter — aufmerksam (zu)hören
apprendre / *entendre dire* } erfahren

Er hat dieses Geräusch nicht gehört.	Il n'a pas *entendu* ce bruit.
Sie hört oft Radio.	Elle *écoute* souvent la radio.
Hast du die letzten Nachrichten im Rundfunk gehört?	As-tu *entendu* les dernières nouvelles à la radio?
Sie hat gehört, daß er morgen früh nach Paris reist.	Elle a *entendu dire/appris* qu'il partira pour Paris demain matin.
Hören Sie zu, wenn ich mit Ihnen spreche!	*Écoutez*, quand je vous parle.
Ich habe gehört, daß er aus den Ferien zurückgekommen ist.	J'ai *entendu dire* qu'il est revenu de vacances.

Beachte:

eine Vorlesung hören — *suivre* un cours

57. immer

1. *toutes les fois que* / *chaque fois que* } immer wenn, jedesmal wenn
2. *toujours* / *encore* } immer noch
3. *de plus en plus* — immer (mehr)
   de moins en moins — immer weniger

Immer wenn es klingelt, bellt unser Hund.	*Chaque fois/toutes les fois qu'*on sonne, notre chien aboie.
Er arbeitet immer weniger.	Il travaille *de moins en moins.*
Es regnet immer noch.	Il pleut *toujours/encore.*
Er schrie immer lauter.	Il criait *de plus en plus* fort.
Immer wenn er die Fernsehnachrichten sieht, ärgert er sich.	*Chaque fois/toutes les fois* qu'il regarde le journal télévisé, il se fâche.
Schläft er immer noch?	Est-ce qu'il dort *toujours/encore?*

58. Jahr (vgl „Abend", „Tag")

Der Unterschied zwischen *l'an* (reine Zeitangabe) und *l'année* (Dauer) verwischt sich immer mehr. Als Regel kann gelten:

l'an (m) — bei Altersangaben und in festen Wendungen wie: *tous les ans, par an*
l'année (f) — in allen anderen Fällen verwendbar

Wieviel verdient er jährlich?	Combien gagne-t-il par *an*?
Das erste Jahr seines Aufenthaltes in England war ihm besonders nützlich.	La première *année* de son séjour en Angleterre lui a été particulièrement profitable.
Alle Jahre fährt er nach Frankreich, um seine Eltern wiederzusehen.	Tous les *ans* il va en France pour revoir ses parents.
Sie ist 20 Jahre alt.	Elle a vingt *ans.*
Er ist fast während des ganzen Jahres krank gewesen.	Il a été malade pendant presque toute l'*année.*

59. jeder

chaque (adj), *chacun* (subst) — jeder einzelne aus einer bestimmten Menge
tout (adj), *tout le monde* (subst) — jeder beliebige, alle

Sie können mich zu jeder Zeit aufsuchen.	Vous pourrez venir me voir à *toute* heure.
Jede dieser Schallplatten kostet 20 Francs.	*Chacun* de ces disques coûte vingt francs. Ces disques coûtent vingt francs *chacun*.
Jeder war einverstanden.	*Tout le monde* était d'accord.
Jedes Land hat seine Sitten und Bräuche.	*Chaque* pays a ses us et coutumes.
Dieser schwarze Anzug ist für jede Gelegenheit passend.	Ce complet noir convient en *toute* occasion.
Legt jedes Ding an seinen Platz.	Mettez *chaque* chose à sa place.
Jeder von euch wird seinen Teil bekommen.	*Chacun* de vous aura sa part.
Das kann jedem passieren.	Cela peut arriver *à tout le monde*.

Beachte:

jeder dritte — *un sur trois*

60. kochen

bouillir (itr) — kochen (Flüssigkeiten)
faire bouillir (tr) — Flüssigkeiten zum Kochen bringen
cuire (itr) — kochen (feste Speisen)
faire cuire (tr) — Speisen kochen, braten, backen
faire la cuisine — Essen machen/zubereiten

Wasser kocht bei 100°.	L'eau *bout* à 100° (degrés).
Das Gemüse ist gut gekocht.	Les légumes sont bien *cuits*.
Kochen Sie gern?	Aimez-vous *faire la cuisine*?
Koch die Milch ab.	Fais *bouillir* le lait.
Sie hat Kartoffeln gekocht.	Elle a *fait cuire* des pommes de terre.
Sie trinkt nur gekochte Milch.	Elle ne boit que du lait *bouilli*.
Bringen Sie mir ein gut durchgebratenes Beefsteak.	Apportez-moi un bifteck bien *cuit*.
Mein Vater kann gut kochen.	Mon père sait bien *faire la cuisine*.

Beachte:

faire du thé/du café — Tee/Kaffee kochen
faire/préparer un repas — ein Essen kochen/zubereiten

61. können

pouvoir — vermögen, in der Lage sein
savoir — gelernt haben, beherrschen

Sie kann Französisch.	Elle *sait* le français.
Sie kann nicht kommen, weil ihre Mutter krank ist.	Elle ne *peut* pas venir parce que sa mère est malade.
Ich konnte nicht mehr länger schwimmen, ich war (einfach) zu müde.	Je n'ai pas *pu* nager plus longtemps, j'étais trop fatigué/-e.
Er kann schon schwimmen.	Il *sait* déjà nager.

Beachte:

Ich kann es Ihnen nicht sagen. — Je ne *saurais* vous le dire.

62. lassen

faire — veranlassen, befehlen
laisser — zulassen, erlauben

Der Hauswirt läßt die Kinder im Garten spielen.	Le propriétaire de la maison *laisse* les enfants jouer dans le jardin.
Lassen Sie mich Ihren Koffer tragen.	*Laissez*-moi porter votre valise.
Er hat den Arzt kommen lassen.	Il a *fait* venir le médecin.
Laß mich in Ruhe.	*Laisse*-moi tranquille.
Sie hat sich ein neues Kleid machen lassen.	Elle s'est *fait* faire une nouvelle robe.

63. **leicht** (vgl „schwer")

facile — leicht zu tun, nicht schwierig
léger — leicht an Gewicht, verdaulich, auch fig

c'est facile à + Infinitiv
dagegen:
il est facile de + Infinitiv

Dieser Satz ist leicht zu verstehen.	Cette phrase est *facile à* comprendre.
Wir haben eine leichte Mahlzeit eingenommen.	Nous avons pris un repas *léger*.
Trag den Koffer, er ist leicht.	Porte la valise, elle est *légère*.
Es ist nicht leicht, alle zufriedenzustellen.	Il n'est pas *facile de* contenter tout le monde.
Das ist ein leichter Fehler.	C'est une faute *légère*.

64. leihen, borgen

emprunter qc à qn — von jd etw borgen, ausleihen
prêter qc à qn — jd etw borgen, verleihen

Er hat mir 100 Francs geliehen.	Il m'a *prêté* cent francs.
Sie hat sich bei ihm den Wagen für 2 Tage ausgeliehen.	Elle lui a *emprunté* sa voiture pour deux jours.
Ich habe ihm das Buch schon geliehen.	Je lui ai déjà *prêté* ce livre.
Borg mir deinen Füllfederhalter.	*Prête*-moi ton stylo.
Hast du von ihm Geld geliehen?	Tu lui as *emprunté* de l'argent?

65. machen

faire qn (+ subst) — jdn zu etwas machen
rendre qn (+ adj) — jdn . . . werden lassen

Dieses Lied hat ihn berühmt gemacht.	Cette chanson l'a *rendu* célèbre.
Sie haben ihn zu ihrem Anführer gemacht.	Ils en ont *fait* leur chef.
Das Unglück macht oft hart und ungerecht.	Le malheur *rend* souvent dur et injuste.
Nach der Schlacht hat ihn der König zum Herzog gemacht.	Après la bataille le roi le *fit* duc.

Beachte:

ein Examen machen — *passer* un examen
ein Examen bestehen — *être reçu* à un examen

66. mehr als (vgl „weniger als")

plus que — (bei Tätigkeiten und Eigenschaften)
plus de — (bei Mengenangaben)

Michael läuft schneller als Klaus.	Michel court *plus* vite *que* Claude.
Das Flugzeug fliegt in mehr als 5000 m Höhe.	L'avion vole à *plus de* 5000 mètres d'altitude.
Er hat mehr als/über die Hälfte seines Lebens in Afrika verbracht.	Il a passé *plus de* la moitié de sa vie en Afrique.
Sie ist intelligenter als ihr Bruder.	Elle est *plus* intelligente *que* son frère.

67. nächste

le plus proche — der nächstgelegene
le prochain — der nächste von mir aus gesehen
le suivant — der nächste in der Reihenfolge

Nächstes Mal zeige ich Ihnen den Louvre.	La *prochaine* fois, je vous montrerai le Louvre.
Wo ist die nächste Tankstelle?	Où est le poste d'essence *le plus proche*?
Der Nächste, bitte.	Le/au *suivant*, s'il vous plaît.
Nur die nächsten Verwandten waren gekommen.	Seuls les plus *proches* parents étaient venus.
Bereiten Sie die nächste Lektion vor.	Préparez la leçon *suivante*.
Besuchen Sie uns nächsten Sonntag.	Venez nous voir dimanche *prochain*.
Sonntag den 12. waren wir in Marseille, in der nächsten/folgenden Woche in Nizza.	Le dimanche 12, nous étions à Marseille, la semaine *suivante* à Nice.

Beachte:

der nächste Tag — *le lendemain* (vgl „Tag“)

68. neu

nouveau, nouvelle — vorangestellt: neu (allgemein)
nachgestellt: gerade geschaffen, modern
neuf, neuve - nachgestellt: noch nicht verwendet/gedacht usw

Haben Sie schon sein neues Auto gesehen?	Vous avez déjà vu sa *nouvelle* voiture?
Ist es ein neues Auto oder ein Gebrauchtwagen?	C'est une voiture *neuve* ou une voiture d'occasion?
Ich glaube, es ist ein völlig neues Modell.	Je crois qu'il s'agit d'un modèle tout à fait *nouveau*.
Dieses Buch enthält viele neue Ideen.	Ce livre contient beaucoup d'idées *nouvelles/neuves*.
Herr Dupont ist unser neuer Mieter.	Monsieur Dupont est notre *nouveau* locataire.
Den neuen Wein trinkt man im Oktober.	Le vin *nouveau* se boit en octobre.

Beachte:

die neuesten Nachrichten — les *dernières* nouvelles
Was gibt es Neues? — Qu'y a-t-il de *nouveau?* Quoi de *neuf?*

69. nur

seul / *ne — que* } Einschränkung auf das Subjekt bezogen
seulement / *ne — que* } Einschränkung auf das Objekt bezogen
ne faire que — Einschränkung auf das Verb bezogen

Nur ein Wunder kann uns noch retten.	*Seul* un miracle peut encore nous sauver.
	Il *n'*y a *qu'*un miracle qui puisse encore nous sauver.

Ich habe nur seinen Vater gesehen.	Je *n'*ai vu *que* son père. J'ai vu *seulement* son père.
Nur er kann uns Auskunft geben.	Lui *seul* peut nous renseigner. Il *n'*y a *que* lui qui puisse nous renseigner.
Statt zu leben, arbeitet er nur.	Au lieu de vivre, il *ne* fait *que* travailler.
Dieses Kind weint nur.	Cet enfant *ne* fait *que* pleurer.
Du hast nur 1 kg Äpfel gekauft?	Tu *n'*as acheté *qu'*un kilo de pommes? Tu as acheté *seulement* un kilo de pommes?

Beachte: „nur" vor Zahlen: *seulement*

Nur drei Schüler fehlten heute.	Trois élèves *seulement* étaient absents aujourd'hui.

70. Opfer

le sacrifice — Opfer, das man bringt
la victime — Opfer, das man ist

Diese Eltern haben große Opfer für die Ausbildung ihrer Kinder gebracht.	Ces parents ont fait de grands *sacrifices* pour l'instruction de leurs enfants.
Dieser Unfall hat zahlreiche Opfer gefordert.	Cet accident a fait de nombreuses *victimes*.
Diese Frau ist das Opfer ihres Geizes.	Cette femme est *victime* de son avarice.
Man erreicht nichts, wenn man nicht bereit ist, Opfer zu bringen.	On n'arrive à rien, si l'on n'est pas disposé à faire des *sacrifices*.

71. Paar; ein paar

la paire — zwei zusammengehörende Dinge
le couple — zwei Wesen verschiedenen Geschlechts
quelques — ein paar, einige

Peter und Maria sind ein glückliches Paar.	Pierre et Marie forment un *couple* heureux.
Sie hat mir ein paar Fotos gezeigt.	Elle m'a montré *quelques* photos.
Er hat mir ein Paar Handschuhe gekauft.	Il m'a acheté une *paire* de gants.
Ein paar Tage später war er schon in Paris.	*Quelques* jours plus tard, il était déjà à Paris.
Im Käfig saß ein Pärchen Kanarienvögel.	Dans la cage, il y avait un *couple* de canaris.
Wieviel kostet dieses Paar Schuhe?	Combien coûte cette *paire* de chaussures?

72. Person

la personne — Person, auch: grammatische Person
le personnage — Person (Literatur, Theater), Persönlichkeit

Wie heißt die Hauptperson in Camus „Etranger"?	Quel est le nom du *personnage* principal de «L'Etranger» de Camus?
Ich kenne die Person, von der Sie sprechen, nicht.	Je ne connais pas la *personne* dont vous parlez.
Bismarck ist eine historische Persönlichkeit.	Bismarck est un *personnage* historique.
Setzen Sie das Verb in die 3. Person Singular.	Mettez le verbe à la troisième *personne* du singulier.

Beachte:

la *grande personne* — der Erwachsene

Die Erwachsenen verstehen die Kinder oft nicht.

Souvent, les *grandes personnes* ne comprennent pas les enfants.

73. Plan

le plan — genauer Plan; Grundriß
le projet — Entwurf, Absicht

Er zeigte uns den Plan seines Hauses.

Il nous a montré le *plan* de sa maison.

Haben Sie schon irgendwelche Ferienpläne gemacht?

Avez-vous déjà fait des *projets* de vacances?

Statt zu handeln, macht er Pläne.

Au lieu d'agir, il fait des *projets*.

Die Regierung hat einen Dreijahresplan ausgearbeitet.

Le gouvernement a élaboré un *plan* triennal.

74. Probe

l'essai (m) — Versuch
la répétition — Theaterprobe
le spécimen — Probenummer (Zeitschrift, Buch)
l'échantillon (m) — Warenprobe

Die Generalprobe fand in Gegenwart zahlreicher Journalisten statt.	La *répétition* générale a eu lieu en présence de nombreux journalistes.
Der Verlag hat mir eine Probenummer von dieser Zeitschrift geschickt.	L'éditeur m'a envoyé un *spécimen* de cette revue.
Wir stellen Sie zunächst zur/auf Probe ein.	Tout d'abord, nous vous engageons à *l'essai*.
Auf Anforderung hat man uns drei Kaffeeproben geschickt.	Sur demande, on nous a envoyé trois *échantillons* de café.
Die Probe, die wir mit diesem Gerät gemacht haben, hat uns überzeugt.	*L'essai* que nous avons fait avec cet appareil nous a convaincus.
Der Vertreter hat uns einige Stoffproben überlassen.	Le représentant nous a laissé quelques *échantillons* de tissu.

Beachte:

mettre qn à l'épreuve — jdn auf die Probe stellen

75. Rezept

la recette — Kochrezept, Mittel
l'ordonnance (f) — Arztrezept

Der Arzt hat ihm ein Rezept ausgestellt.	Le médecin lui a fait une *ordonnance*.
Kennen Sie ein gutes Rezept, um Konfitüren zu machen?	Connaissez-vous une bonne *recette* pour faire des confitures?
Dieses Medikament ist rezeptpflichtig.	Ce médicament n'est délivré que sur *ordonnance*.
„Die gute Küche" ist der Titel eines Buches, das viele Rezepte enthält.	« La bonne cuisine» est le titre d'un livre qui contient beaucoup de *recettes*.

76. richtig (vgl „falsch")

vrai, véritable — echt, wahr, nicht gefälscht
juste — ohne Fehler, der Wirklichkeit entsprechend
bon — geeignet, günstig

Ist das Ihr richtiger Name?	Est-ce là votre *véritable/vrai* nom?
Diese Rechnung ist richtig.	Cette addition est *juste*.
Das ist nicht der richtige Schlüssel.	Ce n'est pas la *bonne* clé.
Das ist richtiges Gold.	C'est de l'or *vrai/véritable*.
Er hatte den richtigen Augenblick gewählt.	Il avait choisi le *bon* moment.
Die Bemerkung, die er gerade gemacht hat, ist richtig.	La remarque qu'il vient de faire est *juste*.

77. schlafen

dormir — sich im Zustand des Schlafes befinden
coucher — übernachten

Letzte Nacht habe ich nur drei Stunden geschlafen.	La nuit dernière, je n'ai *dormi* que trois heures.
Wir haben im Hotel geschlafen.	Nous avons *couché* à l'hôtel.
Haben Sie gut geschlafen?	Vous avez bien *dormi*?
Er hat auf der Couch geschlafen.	Il a *couché* sur la banquette.

Beachte: schlafen gehen — *aller se coucher*

78. Schuld

la dette (häufig pl) — Geldschuld, Schulden
la faute — Fehler
la culpabilité — Schuldigsein

Seine Schuld belief sich auf mehr als 1 000 Francs.	Sa *dette* s'élevait à plus de mille francs.
Das ist durch meine Schuld passiert.	C'est arrivé par ma *faute*.
Hat er schon seine Schulden bezahlt?	A-t-il déjà payé ses *dettes*?
Das ist seine Schuld, wenn er sein Geld verloren hat.	C'est sa *faute* s'il a perdu son argent.
Der Angeklagte hat seine Schuld bestritten.	L'accusé a nié sa *culpabilité*.

Beachte:

être la cause (de) — schuld sein (an)
être coupable — schuldig sein

79. **schwer** (vgl „leicht“)

difficile — schwer zu tun, schwierig
lourd — schwer an Gewicht, erheblich
grave — ernst, bedrohlich, bedeutend

c’est difficile à + Infinitiv
dagegen:
il est difficile de + Infinitiv

Wir haben schwere finanzielle Verluste erlitten.	Nous avons subi de *lourdes* pertes financières.
Seine Krankheit ist nicht sehr schwer.	Sa maladie n’est pas très *grave*.
Dieser Koffer ist zu schwer für ihn.	Cette valise est trop *lourde* pour lui.
Dieses Problem ist schwer zu lösen.	Ce problème est *difficile* à résoudre.
Sie haben keine schweren Fehler gemacht.	Vous n’avez pas fait de fautes *graves*.
Es fällt mir schwer, darüber zu reden.	Il m’est *difficile* d’en parler.

80. **schwimmen**

nager — aktive Tätigkeit (nur von Lebewesen)
flotter — passiv (Sachen, leblose Körper)

Er kann nicht schwimmen.	Il ne sait pas *nager*.
Holzstücke schwimmen auf dem Wasser.	Des morceaux de bois *flottent* sur l’eau.
Eine Leiche schwimmt im Wasser.	Un cadavre *flotte* sur l’eau.
Die Kinder lernen das Rückenschwimmen.	Les enfants apprennent à *nager* sur le dos.

81. sehr

très — sehr (beim Adjektiv oder Adverb)
beaucoup — sehr (beim Verb)

Dieses Buch interessiert mich sehr.	Ce livre m'intéresse *beaucoup*.
Sein Bruder ist sehr groß.	Son frère est *très* grand.
Er ist sehr schnell gefahren.	Il a roulé *très* vite.
Ich bedaure sehr, Herr Dupont kann Sie jetzt nicht empfangen.	Je regrette *beaucoup*, monsieur Dupont ne peut pas vous recevoir maintenant.

82. Sicherheit

la sécurité — Sichersein vor Gefahr/Schaden
la sûreté — Zuverlässigkeit
l'assurance (f) — Selbstbewußtsein

Die Polizei ist verantwortlich für die Sicherheit der Bevölkerung.	La police est responsable de la *sécurité* de la population.
Er hat an Sicherheit gewonnen.	Il a pris de *l'assurance*.
Man bewunderte die Sicherheit seines Urteils.	On admirait la *sûreté* de son jugement.
Vergessen Sie nicht, den Sicherheitsgurt anzuschnallen.	N'oubliez pas d'attacher votre ceinture de *sécurité*.
Seine Sicherheit (im Auftreten) war wirklich erstaunlich.	Son *assurance* était vraiment étonnante.

Beachte:

mit Sicherheit behaupten — dire avec *certitude*

Das kann ich nicht mit Sicherheit sagen.	Je ne saurais le dire avec *certitude*.

83. so

si — so (vor Adjektiven und Adverbien)
ainsi — auf diese Weise } (beim Verb)
tant — so sehr } (beim Verb)

Weine nicht so!	Ne pleure pas *ainsi*.
Warum ist er so unvorsichtig gewesen?	Pourquoi a-t-il été *si* imprudent?
Das Wort schreibt man so.	Le mot s'écrit *ainsi*.
Lauf nicht so schnell.	Ne cours pas *si* vite.
Die Sache hat sich so zugetragen.	La chose s'est passée *ainsi*.
Warum schreit das Baby so?	Pourquoi est-ce que le bébé crie *tant*?

Beachte:

aussi — *que* (positiver Vergleich)
pas (aus)si — *que* (negativer Vergleich)

Er ist nicht so groß wie sein Vater.	Il n'est pas *(aus)si* grand *que* son père.
Er schreibt so schlecht wie ich.	Il écrit *aussi* mal *que* moi.

84. spielen

jouer de qc — spielen (ein Instrument)
jouer à qc — spielen (ein Spiel)

Wir spielen oft Karten.	Nous *jouons* souvent *aux* cartes.
Sie kann Geige und Klavier spielen.	Elle sait *jouer du* violon et *du* piano.
Ich spiele gern Tennis.	J'aime *jouer au* tennis.
Spielen Sie ein Musikinstrument?	Vous *jouez d'*un instrument?

Beachte:

se passer / *se dérouler* } sich abspielen, vor sich gehen

Diese Komödie spielt in Paris.	Cette comédie *se passe/se déroule* à Paris.

85. Sprache

la langue — Sprache (eines Volkes)
le langage — Sprechweise
la parole — Sprechvermögen

Mein Freund spricht mehrere Sprachen.	Mon ami parle plusieurs *langues*.
Die Mutter versteht die Sprache ihres Kindes gut.	La mère comprend bien le *langage* de son enfant.
Die Verwaltungssprache ist oft schwerfällig.	Le *langage* administratif est souvent lourd.
Dieses Tier ist sehr intelligent, es fehlt ihm nur die Sprache.	Cet animal est très intelligent, il ne lui manque que la *parole*.

Latein ist eine tote, Französisch eine lebende Sprache.	Le latin est une *langue* morte, le français (est) une *langue* vivante.
Er hat durch einen Schock die Sprache verloren.	Il a perdu la *parole* à la suite d'un choc.

86. stabil

solide — fest, widerstandsfähig
stable — beständig, dauerhaft

Dieser Schrank ist sehr stabil.	Cette armoire est très *solide*.
Die Mark ist eine stabile Währung.	Le mark est une monnaie *stable*.
Sie hat eine stabile Gesundheit.	Elle est d'une santé *solide*.
Unser Land braucht eine stabile Regierung.	Notre pays a besoin d'un gouvernement *stable*.

Beachte:

ein solides Mädchen — *une jeune fille rangée*

87. Straße

la rue — Straße innerhalb einer Ortschaft
la route — Landstraße

Die Straße von Paris nach Lyon ist die Nationalstraße No. 6.	La *route* qui va de Paris à Lyon est la *route* nationale numéro six (la RN nº 6).
Es ist zu gefährlich, hier über die Straße zu gehen.	Il est trop dangereux de traverser la *rue* ici.
Die Straße nach Rouen ist sehr befahren.	La *route* de Rouen est très fréquentée.
An der Ecke dieser Straße ist ein Briefkasten.	Au coin de cette *rue*, il y a une boîte aux lettres.

Beachte: auf der Straße — *dans la rue, sur la route*

88. Stück

la pièce — Stück als Ganzes, Geld-/Theaterstück
le morceau — Teil eines Ganzen

Diese Melonen kosten 2 Francs das Stück.	Ces melons coûtent deux francs (la) *pièce*.
Das ist ein Theaterstück von Anouilh.	C'est une *pièce* (de théâtre) d'Anouilh.
Sie hat zwei Stücke Zucker genommen.	Elle a pris deux *morceaux* de sucre.
Gib mir ein Fünffrancstück.	Donne-moi une *pièce* de cinq francs.
Ich habe das Fleisch in kleine Stücke geschnitten.	J'ai coupé la viande en petits *morceaux*.

Beachte:

un morceau de musique — ein Musikstück
un bout de papier — ein Stück(chen) Papier

89. Tag

le jour — (reine Zeitbestimmung, Datum)
le journée — (Zeitdauer und Inhalt)

Welchen Tag haben wir heute?	Quel *jour* sommes-nous aujourd'hui?
Es war ein schöner Frühlingstag.	C'était une belle *journée* de printemps.
Kommen Sie in drei Tagen wieder.	Revenez dans trois *jours*.
Er hat den ganzen Tag gearbeitet.	Il a travaillé toute la *journée*.

Beachte: *le lendemain* — am folgenden Tag, tags darauf

90. Teil

la partie — Teil eines Ganzen
la part — Anteil, den man hat/bekommt/nimmt

Jeder hat seinen Teil vom Gewinn erhalten.	Chacun a reçu sa *part* des bénéfices.
Ich kenne dieses Buch nur zum Teil; ich habe es zum größten Teil gelesen.	Je connais ce livre en *partie* seulement; j'en ai lu la plus grande *partie*.
Er hat an meiner Freude teilgenommen.	Il a pris *part* à ma joie.
Ich habe einen Teil meines Lebens in Frankreich verbracht.	J'ai passé une *partie* de ma vie en France.

Beachte:

le parti — die Partei

91. verdienen

gagner — Geld/Lebensunterhalt verdienen
mériter — Lob/Strafe usw verdienen

Er verdient 2000 Franken im Monat.	Il *gagne* 2000 francs par mois.
Er hat eine gute Note bekommen, aber er hat sie nicht verdient.	Il a obtenu une bonne note, mais il ne la *méritait* pas.
Sie haben ihren Lebensunterhalt mit Betteln verdient.	Ils ont *gagné* leur vie en mendiant.
Sie würde ein höheres Gehalt verdienen.	Elle *mériterait* un salaire plus important.

92. verstehen

comprendre — begreifen
entendre (par) — hören; verstehen (unter)
savoir + inf — gut können

Ich habe wohl verstanden, was er mir gesagt hatte.	J'ai bien *compris* ce qu'il m'avait dit.
Was verstehen Sie unter dem Wort „Freiheit“?	Qu'*entendez*-vous par le mot «liberté»?
Er versteht nicht zu leben.	Il ne *sait* pas vivre.
Ich verstehe Sie schlecht. (Telefon)	Je vous *entends* mal.
Er versteht es, die Leute zu überzeugen.	Il *sait* convaincre les gens.
Ich weiß nicht, ob er meine Erklärung verstanden hat.	Je ne sais pas s'il a *compris* mon explication.

Beachte:

zu verstehen geben — *donner à/laisser entendre*

Er hat mir zu verstehen gegeben, daß er uns nicht helfen könne.	Il m'a *donné à entendre* qu'il ne pouvait pas nous aider.

93. viel

beaucoup (de) — viel
bien de + Artikel — sehr viel(e)
tant (de) — so viel(e)
trop (de) — zuviel(e)

Ich habe zuviel gegessen.	J'ai *trop* mangé.
Ich habe es ihm schon so viele Male gesagt.	Je lui ai dit cela *tant de fois*.
Er kennt sehr viele Leute, aber er hat keine Freunde.	Il connaît *bien des* gens, mais il n'a pas d'amis.
Ich habe nicht viel Glück.	Je n'ai pas *beaucoup de* chance.
Ich habe zuviel Erdbeeren gegessen.	J'ai mangé *trop de* fraises.
Trink nicht so viel!	Ne bois pas *tant*!

Beachte:

Vor „beaucoup" kann nie ein Artikel oder ein Pronomen stehen.
Ausweg: *nombreux* — zahlreich

Die vielen Kurven machen diese Straße sehr gefährlich.	Les *nombreux* virages rendent cette route très dangereuse.

94. vor

devant — vor (örtlich)
avant — vor (von einem beliebigen Zeitpunkt aus gerechnet)
il y a — vor (von heute aus gerechnet)

Ich habe ihn vor acht Tagen getroffen.	Je l'ai rencontré *il y a* huit jours.
Wir haben einen kleinen Garten vor unserem Haus.	Nous avons un petit jardin *devant* notre maison.
Sie ist vor mir angekommen.	Elle est arrivée *avant* moi.
Dieses Buch habe ich vor etwa einem Jahr gelesen.	J'ai lu ce livre *il y a* environ un an.
Zwei Tage vor seinem Geburtstag ist er nach Paris gereist.	Il est parti pour Paris deux jours *avant* son anniversaire.
Er hat uns vor dem Theater erwartet.	Il nous a attendus *devant* le théâtre.

Beachte:

la veille (de) — am Tag vorher/Vortag

Wir sind am Tag vor dem Nationalfeiertag in die Ferien gefahren.	Nous sommes partis en vacances *la veille* de la fête nationale.

95. wagen

oser (+ inf) — sich getrauen (etwas zu tun)
risquer (qc) — (etwas) aufs Spiel setzen, riskieren

Das Kind wagte es nicht, die Straße zu überqueren.	L'enfant n'a pas *osé* traverser la rue.
Er wagte sein Leben, um das des Kindes zu retten.	Il a *risqué* sa vie pour sauver celle de l'enfant.
Was wagen Sie zu sagen?	Qu'*osez*-vous dire?
Wer nichts wagt, erreicht (= hat) nichts.	Qui ne *risque* rien n'a rien.

Beachte:

Das ist eine gewagte Sache. — *C'est risqué.*

96. wählen

choisir (qn/qc) — auswählen, aussuchen
voter (pour qn) — (für jdn) seine Stimme abgeben
être élu — (durch Abstimmung) gewählt werden

Welches Kleid haben Sie gewählt, gnädige Frau?	Quelle robe avez-vous *choisie*, madame?
Er ist zum Präsidenten gewählt worden.	Il *a été élu* président.
Sie hat zum ersten Mal gewählt.	Elle a *voté* pour la première fois.
Dupont wurde gewählt, da mehr als 50 % der Wähler für ihn stimmten.	Dupont *a été élu* parce que plus de cinquante pour cent des électeurs ont *voté* pour lui.
Die Gruppe hat Peter zum Wortführer gewählt.	Le groupe a *choisi* Pierre comme porte-parole.

97. was

1. Fragepronomen:

   Nom. *qu'est-ce qui* } was?
   Akk. *qu'est-ce que, que* }

2. Relativpronomen:

   Nom. *ce qui* } was . . .
   Akk. *ce que* }

Willst du wissen, was wir gemacht haben?	Tu veux savoir *ce que* nous avons fait?
Was machst du da?	*Que* fais-tu là? *Qu'est-ce que* tu fais là?
Ich weiß nicht, was er gesagt hat.	Je ne sais pas *ce qu'*il a dit.
Er hat mir alles erzählt, was passiert ist.	Il m'a raconté tout *ce qui* s'est passé.
Was führt Sie her?	*Qu'est-ce qui* vous amène?
Ich weiß nicht, was ihm zugestoßen ist.	Je ne sais pas *ce qui* lui est arrivé.
Was ist los?	*Qu'est-ce qui* se passe?
Was soll ich nun tun?	Qu'est-ce que je vais faire maintenant?

98. weniger als (vgl „mehr als“)

moins que — bei Tätigkeiten und Eigenschaften
moins de — bei Mengenangaben

Peter arbeitet weniger schnell als Hans.	Pierre travaille *moins* vite *que* Jean.
Er hat weniger als eine Stunde gebraucht, um diese Arbeit zu machen.	Il a mis *moins d'*une heure pour faire ce travail.
Arlette ist weniger ehrgeizig als Claudine.	Arlette est *moins* ambitieuse *que* Claudine.
Dieses Kleid kostet weniger als 500 Francs.	Cette robe coûte *moins de* cinq cents francs.

Beachte:

Interdit aux moins de 18 ans — Ab 18 Jahre (Kino)

99. werfen

jeter — wegwerfen, fallen lassen
lancer — gezielt/mit ganzer Kraft werfen, schleudern

Er hat den Diskus über 60 m weit geworfen.	Il a *lancé* le disque à plus de soixante mètres.
Wirf nicht mit Steinen, du könntest eine Scheibe zerbrechen.	Ne *lance* pas de pierres, tu pourrais casser une vitre.
Wirf das Papier nicht auf die Erde, wirf es in den Mülleimer.	Ne *jette* pas ce papier par terre, *jette*-le à la poubelle.
Das Kind warf sich in die Arme seiner Mutter.	L'enfant se *jeta* dans les bras de sa mère.

100. wie

comment — auf welche Weise (direkte + indirekte Frage)
comme — genauso wie
combien — wie sehr

Wie geht es Ihnen?	*Comment* allez-vous?
Er weiß, wie sehr ich seine Abwesenheit bedaure.	Il sait *combien* je regrette son absence.
Er spricht wie sein Vater.	Il parle *comme* son père.
Er hat den Satz übersetzt, wie ich es ihm gesagt hatte.	Il a traduit la phrase *comme* je le lui avais dit.
Ich weiß nicht, wie der Unfall passiert ist.	Je ne sais pas *comment* l'accident s'est passé.
Er gestand ihm, wie sehr er ihn getäuscht hatte.	Il lui avoua *combien* il l'avait trompé.

Beachte:

1. Nach hinweisenden Vergleichswörtern wie: *aussi* (ebenso), *autant* (soviel), *même* (derselbe), *si* (so), *tel* (solch) usw heißt „wie“: *que*.
2. Nach Verben der Sinneswahrnehmung wird „wie“ durch den Infinitiv wiedergegeben.

Er ist in derselben Klasse wie ich.	Il est dans la *même* classe *que* moi.
Ich bin genauso groß wie mein Bruder.	Je suis *aussi* grand *que* mon frère.
Ich sah, wie er die Handtasche stahl.	Je l'ai vu voler le sac à main.
Ich hörte, wie die Uhr schlug.	J'entendis l'horloge sonner.

101. wünschen

désirer qc — etwas für sich selbst wünschen
souhaiter qc à qn — anderen etwas wünschen

Er hat immer gewünscht, Paris (einmal) zu sehen.	Il a toujours *désiré* voir Paris.
Ich wünsche Ihnen ein gutes neues Jahr.	Je vous *souhaite* une bonne année.
Was wünschen Sie, gnädige Frau? Sie wünschen?	Qu'est-ce que vous *désirez*, madame? Vous *désirez*, madame?
Seine Mutter wünscht ihm, daß er das Rennen gewinnt.	Sa mère lui *souhaite* de gagner la course.

102. Zeit

le temps — Zeit (allgemein)
l'heure (f) — Zeitpunkt, Uhrzeit, Stunde

Die Zeit vergeht schnell.	Le *temps* passe vite.
Beeilen wir uns, es ist schon Zeit zum Mittagessen.	Dépêchons-nous, c'est déjà l'*heure* du déjeuner.
Er war zur vereinbarten Zeit am Bahnhof.	Il était à la gare à l'*heure* convenue.
Ich habe keine Zeit, diesen Brief zu beantworten.	Je n'ai pas le *temps* de répondre à cette lettre.
Haben Sie die genaue Zeit?	Avez-vous l'*heure* exacte?

103. Zimmer

la pièce — Raum
la chambre — Zimmer mit Schlafgelegenheit
la salle — großes und besonders benanntes Zimmer

Räume dein Zimmer auf.	Range ta *chambre*.
Gegen 12 Uhr versammelt sich die ganze Familie im Eßzimmer.	Vers midi, toute la famille se réunit dans la *salle à manger*.
Unser Schlafzimmer und das Kinderzimmer sind im ersten Stock.	Notre *chambre à coucher* et la *chambre des enfants* sont au premier étage.
Wir haben eine Vierzimmerwohnung.	Nous avons un appartement de quatre *pièces*.
Zimmer zu vermieten.	*Chambres* à louer.
Unser Fernsehgerät steht im Wohnzimmer.	Notre poste de télévision se trouve dans la *salle de séjour*.
Wo ist Peter? Er ist im Badezimmer.	Où est Pierre? Il est dans la *salle de bains*.
In seinem neuen Haus hat er drei Zimmer, die zum Meer hin liegen.	Dans sa nouvelle maison, il a trois *pièces* qui donnent sur la mer.
Die Hotelzimmer sind nicht immer sehr sauber.	Les *chambres d'hôtel* ne sont pas toujours très propres.

Beachte:

le bureau — Arbeitszimmer
la salle de classe — Klassenzimmer
le salon d'attente — Wartezimmer (Arzt)
la salle d'attente — Wartesaal (Bahnhof)

104. zuerst

d'abord — zuerst, zunächst
le premier — als erster

Die Engländer kamen zuerst an.

Les Anglais sont arrivés *les premiers*.
Les Anglais ont été *les premiers* à arriver.

Laßt uns zuerst frühstücken, dann sehen wir weiter.

Déjeunons *d'abord*, ensuite on verra.

Sie hat das Haus zuerst verlassen.

Elle a quitté la maison *la première*.

Zuerst hat er sich für diesen Plan begeistert, aber dann hat er seine Nachteile erkannt.

D'abord, il s'est enthousiasmé pour ce projet, ensuite il en a vu les inconvénients.

105. zuletzt

enfin, finalement — schließlich, endlich
pour la dernière fois — das letzte Mal
à la fin — zum Schluß
le dernier — als letzter

Wir haben ihn zuletzt doch noch gefunden.

Nous l'avons *enfin* trouvé.
Finalement, nous l'avons trouvé.

Wann hast du ihn zuletzt gesehen?

Quand l'as-tu vu *pour la dernière fois*?

Um dieses Gericht gut zuzubereiten, muß man zuletzt etwas Rotwein hinzufügen.

Pour bien préparer ce plat, il faut ajouter, *à la fin*, un peu de vin rouge.

Maria ist zuletzt angekommen.	Marie est arrivée *la dernière.*
Ich habe sie zuletzt im Konzert gesehen.	Je l'ai vue *pour la dernière fois* au concert.
Zuletzt hat er die Prüfung doch noch bestanden.	*Finalement,* il a passé l'examen avec succès.
	Il a *enfin* passé l'examen avec succès.
Wir sind zuletzt aufgebrochen.	Nous sommes partis *les derniers.*
Zuerst lehnte sie ab, aber zuletzt nahm sie sein Angebot an.	D'abord elle a refusé, mais *à la fin/finalement,* elle a accepté son offre.

Kurzhinweise

Allee	*l'avenue* (f); aber *l'allée* (f): Allee im Park
anziehen	etw anziehen: *mettre qc;* sich anziehen: *s'habiller*
ausziehen	etw ausziehen: *enlever/ôter qc;* sich ausziehen: *se déshabiller*
Demonstration, demonstrieren, Demonstrant	*la manifestation, manifester, le manifestant;* aber *la démonstration:* Vorführung (eines Geräts)
Diät	Schonkost: *le régime,* diät leben: *suivre un régime;* aber *la diète:* Fastenkur
eigen	*propre* Je l'ai vu de mes *propres* yeux. Dagegen nachgestellt: Il a *les mains propres:* Er hat reine Hände.
erstklassig	mehrere Übersetzungen zur Auswahl: *de premier choix/ordre, de première catégorie/qualité* un hôtel *de première catégorie,* des raisins *de premier choix;* das dem Deutschen entsprechende *de première classe* gilt nur für Fahrkarte/Flugkarte, usw: *un compartiment de première classe*
Etat	öffentlicher Haushalt: *le budget,* Etatjahr: *l'année budgétaire;* aber *l'Etat:* Staat; *l'état:* Zustand, Aufstellung, Liste
Experiment	*l'expérience* (f), *faire des expériences:* Experimente machen; aber *expérimenter:* erproben

Fabrik	*l'usine* (f) (allgemein); *la fabrique:* Herstellungsort für einfache Fertigwaren *une fabrique de boutons/tricoterie*
fatal	in der Bedeutung „unangenehm, peinlich": *fâcheux* *une affaire fâcheuse;* „verhängnisvoll": *fatal* *une erreur fatale;* Beachte: Une erreur *fâcheuse* n'est pas une erreur *fatale.*
Figur	(menschliche) Gestalt: *la taille* *un homme de grande taille; elle a une jolie taille;* aber *la figure:* Gesicht *se laver la figure*
Friseur, Friseuse, Frisur, sich frisieren	*le coiffeur, la coiffeuse, la coiffure, se coiffer* *le coiffeur pour hommes/dames* *le salon de coiffure*
Gymnasium	*le lycée;* aber *le gymnase:* Turnhalle
Humor	*l'humour* (m) *avoir (le sens) de l'humour;* *l'humeur* (f): Laune, Stimmung *être de bonne/mauvaise humeur:* guter/schlechter Laune sein
Illustrierte/ Magazin	illustrierte Zeitschrift: *l'illustré* (m), *le magazine;* aber *le magasin:* Laden, Geschäft
interpretieren	Text/Gedicht erklären: *expliquer un texte/un poème;* Textinterpretation: *l'explication de texte;* Beachte: Le professeur *explique,* l'acteur *interprète* une pièce de théâtre.

Kamera	Film-/Fernsehkamera: *la caméra;* Fotoapparat: *l'appareil photographique/de photo*
Kegel	geometrische Figur: *le cône;* Figur im Kegelspiel: *la quille*
Kriminal-	Kriminalfilm/-roman: *le film/le roman policier;* Kriminalpolizei: *la police judiciaire*
luxuriös	*luxueux* avoir un *appartement luxueux:* luxuriös eingerichtet sein; aber *luxurieux:* sinnlich, lasterhaft Ce sont des *pensées luxurieuses.*
musikalisch	1. begabt für Musik: *musicien* Je ne suis pas *musicien:* Ich bin nicht musikalisch. 2. die Musik betreffend: *musical* Le français est une langue *musicale.* *une émission/critique musicale:* eine Musiksendung/-kritik
Nieren	lebendes Organ: *les reins;* Fleischgericht: *les rognons*
ordinär	*vulgaire* *des expressions vulgaires;* aber *ordinaire:* gewöhnlich, üblich *une carafe de vin ordinaire*
Phantasie	*l'imagination* (f) Il manque d'*imagination.* aber *la fantaisie:* Lust und Laune Il vit à sa *fantaisie.* *les bijoux de fantaisie:* Modeschmuck
Plastik	1. Werkstoff: *le plastique, la matière plastique,* Plastik- (in Zusammensetzungen): *en plastique* des *semelles en plastique;* 2. Kunstwerk: *la sculpture*

Praxis	1. Gegensatz zu Theorie: *la pratique;* 2. Besucher/Tätigkeit von Arzt und Anwalt: *la clientèle;* 3. Räume für Arzt-/Anwaltstätigkeit: *le cabinet du médecin,* *l'étude* (f) *de l'avocat*
Programm	*le programme* (allgemein) 1./2. Programm (Fernsehen): *la première/deuxième chaîne*
Protokoll	1. Strafmandat (im Straßenverkehr): *la contravention* 2. Tagungsprotokoll: *le procès-verbal;* aber *le protocole:* diplomat. Protokoll/Etikette
Regie, Regisseur	*la mise en scène, le metteur en scène;* *mettre en scène:* Regie führen
regieren	Regierung: *gouverner;* König: *régner* *Le roi règne, mais ne gouverne pas.*
Route	Reiseroute: *l'itinéraire* (m); aber *la route:* Landstraße *la route nationale:* Bundesstraße
Schal	Schal, Halstuch: *l'écharpe* (f), Seidenschal, elegantes Tuch: *le foulard;* aber *le châle:* großer Frauenschal (meist gestrickt oder gehäkelt)
sparsam	von Personen: *économe* Il est très *économe* presque avare. von Sachen: *économique* *une voiture/un chauffage économique*
Tablette	Medikament: *le comprimé;* aber *la tablette:* 1. Tafel (Schokolade); 2. Brett in einem Schrank *une tablette de chocolat;* *les tablettes d'une armoire*

Topf	jede Art Topf: *le pot* *le pot à lait, le pot de fleurs;* Kochtopf: *la marmite*
Tresor	Geldschrank: *le coffre-fort;* aber *le trésor* = Schatz, Reichtum
Watte	Verbandsstoff: *le coton;* Material zum Füttern/Auspolstern: *l'ouate* (f) oder: *la ouate*
Weste	*le gilet;* aber *la veste:* (Herren-/Damen-)Jacke, Jackett
Zensur	Schulzensur: *la note;* aber *la censure:* behördliche Prüfung

Kleine Stolpersteine

Advokat	l'avocat m.
Aprikose	l'abricot m.
Debatte	le débat
Interpunktion	la ponctuation
Kamerad	le camarade
Karneval	le carnaval
Komfort	le confort
komfortabel	confortable
Konsonant	la consonne
Korrespondent	le correspondant
Mechaniker	le mécanicien
neutral	neutre
Oper	l'opéra m.
Orthographie	l'orthographe f.
Parabel	la parabole
paradox	paradoxal
Pedal	la pédale
perfekt	parfait
Personal	le personnel
Phänomen	le phénomène
photogen	photogénique
Picknick	le pique-nique
Pille	la pilule
Planet	la planète
Plattform	la plate-forme
Porto	le port
praktisch	pratique
Prospekt	le prospectus
Quantum	la quantité
regulär	régulier
Reparatur	la réparation
Skrupel	le scrupule
Torte	la tarte
Tulpe	la tulipe
Utensilien	les ustensiles m. pl.
Violine	le violon
Vokal	la voyelle
Zigarre	le cigare

Lösungen der Kontrollaufgaben (S. 7/8)

Die Zahlen in Klammern verweisen auf die Nummern der entsprechenden deutschen Stichwörter.

1. fâcheux (6)
2. lui . . . emprunté (64)
3. comment (100)
4. apprends (56)
5. marcher (45)
6. conduire, emmener (21)
7. circulent (34)
8. cette année (58)
9. que (98)
10. vestiaire (41)
11. autres (4)
12. s'est mariée (54)
13. sain (46)
14. attraper (13)
15. épais (26)
16. parlez . . . de (32)
17. plains (11)
18. la foudre (19)
19. expliqué (30)
20. il y a (94)
21. sait (61)
22. limite (47)
23. s'élève (28)
24. le fond (20)
25. la même chose (24)
26. sur toi (12)
27. rappelle (29)
28. peinture (36)
29. un morceau (88)
30. fait (62)
31. écoutes (56)
32. un peu de (33)
33. comme (23)
34. vient nous voir (15)
35. près de, presque (37)
36. paraissent (31)
37. demi-portion (52)
38. J'espère/espérons que non. (55)
39. de mieux en (57)
40. bouilli (60)
41. ainsi (83)
42. le dernier (105)
43. au tennis (84)
44. plus âgé (2)
45. nous baigner (8)
46. défauts (38)
47. désirez (101)
48. le plus proche (67)
49. parole (85)
50. délicieux (25)

Index der französischen Wörter

Die Zahlen verweisen auf die Nummern der deutschen Stichwörter, außer es steht S. (= Seite) davor.